S'ARRETER POUR CHANGER...

OU COMMENT CHANGER LE MONDE DEPUIS SON CANAPE

David Chapuis

S'ARRETER POUR CHANGER...

Loi n°49-956 du 16 juillet 1949 sur les publications destinées à la jeunesse, modifiée par la loi n°2011-525 du 17 mai 2011.

Édition : BoD – Books on Demand, info@bod.fr
Impression : BoD – Books on Demand, In de Tarpen 42, Norderstedt (Allemagne)

Impression à la demande

Illustration : DCH

ISBN : 978-2-3224-3673-6
Dépôt légal : Mai 2023

I

Arrête-toi…

Arrête-toi,
prends le temps de regarder
ce qui demain aura déjà passé,
avant que ne s'efface le bon moment…
Le temps s'en va vite, comme le vent
entre les doigts.

Tu es sûr de prendre les justes décisions,
de mettre les bonnes et vraies priorités,
mais quand la jeunesse t'aura abandonnée
que garderas-tu au bout de l'horizon ?
Babylone, Tyr et Sydon,
Alexandrie, et tes raisons?
Qui est ce qui t'as ravi,
où sont passés tes amis?
Qui sont restés,
qui sont allés
avec toi dans la tempête
comme les jours de fêtes?

Tu cours, tu cours,
tu ne les entends plus
ses inconnus connus…
Tu deviens sourd.
Tout ce brouhaha…
Tu oublies le toi et moi,

tes vrais amis
tes filles et tes fils.
Et celui
qui vieillit.
Ils te sont presque indifférents
comme si tu ne les avais jamais vu...
Et pourtant ils sont importants,
et plus proches que tu ne l'aurais cru.

Saisis-toi,
secoue-toi!
Ton âme s'endort
sur tes pas...
Tu vas si vite et si fort !
Qui s'en ira?
Qu'y a-t-il sur ce chemin
pour que tu sois déjà à demain?

Ne reste pas dans la luxure, la paresse.
Mais partage un repas, partage tes richesses
car celui qui t'accueilleras, sera ton trésor
lors de ces jours de mauvais sort.

Arrête-toi,
toi qui crois
saisir
l'avenir.
C'est le blizzard froid
qui te saisis avec effroi ;
soufflé comme une feuille morte

au travers de la ville et ses portes.

Le cœur est comme un sac.
De quoi veux-tu le remplir?
Du passé ou de l'avenir,
de tactiques ou de tic-tac?
De gravier du montagnard
ou de sable fin de la mer?
Du regard de tes père et mère
ou de la ville et son brouillard ?
Remplis-le,
vide-le!
Reçois,
donne-toi!
Remplis-le de cailloux,
tu le porteras jusqu'où?
Mets-y des jours fous,
tu donneras quoi et où ?
Tes mains sans le sous,
qui changera ta roue?

Regarde le semeur,
il n'a que des graines
et il a déjà le bonheur.
Il a oublié ses peines,
car ses yeux voient
la récolte de joie.

Pousser

à penser,
plus qu'à soi-même,
l'amour comme emblème.
Cet impétueux qui sème des flocons,
glacé et givré,
ce grand air d'été
qui fait danser
les champs de blés,
sème bien plus que des raisons...
Pain d'épices, étoiles cannelles,
regarde c'est le vent de Noël !
Ce temps réjouit et émerveille,
il nous rappelle cette veille.
C'est la fête de la naissance,
la fête de cette espérance.
Plus de beaux rubans
mais toi tel un présent.

Ecrire

Page blanche,
page étanche.
Pages collées,
pages cornées,
c'est le temps qui efface,
les moments qui passent.
Page gribouillée,
page griffonnée...
Mais où prendre ce souffle d'inspiration,
mais où remplir ses yeux, quelle passion ?
Pages tournées,
pages déchirées ?

C'est le livre du cœur, qu'il faut lire
s'il l'on veut graver des souvenirs;
une biographie qu'il faut continuer à écrire
s'il l'on veut avancer dans l'avenir,
et ne pas rester dans l'histoire.
Ou sont passées tes mémoires?
Que le souvenir ne reste pas au fond du tiroir
mais qu'il soit un reflet du passé tel un miroir.
Qu'est ce que tu vas laisser ?
Qu'as tu appris, qu'as tu retenu
de ce monde encore inconnu?
Qu'as tu à enseigner et donner ?

Quelles sont les richesses
qui jamais ne disparaissent?

Parfois quelques unes sont même hyeroglyphée...
Coup de bec de plume, la page est comme sabrée!
Maux de tête ?
Trop de fêtes ?

Pensées à décortiquer,
étalées sur papier ?
Les cendres misent aux pieds
de l'arbre, vont le fortifier.
Lancées au vent,
en les oubliants,
c'est comme semer à coté du champ
ou jeter des graines dans l'océan.

Parle moi,
parle de toi !
Romand d'amour,
espoirs d'horizons,
quelques citations ...
Écrit toujours !
Récits de l'extrême,
un beau poème,
cœurs en maux,
la société et ses mots ...
Quelques vers
et c'est l'ivresse d'écrire!

Car on ne sait plus lire,
c'est l'hiver,
c'est le vent d'indifférence.
C'est la monotonie,
seules les distractions dansent...
Pas de lobotomie!
Restes bien en éveil,
balayes ces feuilles mortes
gardes ce qui émerveille,
ces rêves qui te portent.

Page noircie
page de vie!

Emotions

Elles chantent à tue-tête
en ton cœur, elles font la fête.
Elles veulent t'emmener
dans une fausse réalité.
Elles sont souvent contraire aux sentiments,
peu sages, irréfléchies, pour elles la raison ment.
Il faut les arrêter nette, les stopper,
sinon de toi elles vont s'emparer.
Si tu écoutes régulièrement leurs voix,
vers elles, ces sirènes te dirigeront tout droit.
Elles te conduiront sur les chemins perdus
elles te diront que la folie, l'envie sont vertus.
Tu te perdras jusqu'à te perdre toi-même,
tu ne sauras plus qui tu es et qui tu aimes.
Pulsions instantanées et éphémères,
elles te laisseront un gout amer.
Plus profond que le précipice de la haine
plus haut que la montagne de l'amour,
traversant les grandes plaine de la peine,
elles t enchaineront pour toujours.
Et quand tu auras dépassé l'horizon de la passion
elles t'emmèneront dans la vallée de l'indifférence.
Déguisées en petites pensées d'insolence
pour mieux te faire entrer en transe.
Comme le cheval sans mord,
elles te traineront vers la mort.

Si elles sont suivis d'impatience,
si tu n'entends pas la raison' nance...
Alors dis non car il sera trop tard!
Trahi par la rose, piqué par ses dards

Arrête-toi, prend le temps.
Soit ce sera le printemps,
soit elles seront fleurs fanées.
Tu verras les fruits
qu'elles t'auront données:
saint ou flétrit.

Celui qui s'est se maitrisé
est fort comme un rocher.

Une Porte...

Tellement d'acte sans retour,
mais l'amour demeure toujours.
Ces actes donnés,
ces cœurs manqués...
Des enfants qui rient au nez...
Ils ont dit : tant de naïveté...

Un Dieu d'alliance,
intense présence.
Implacables vérités,
jamais abandonné !
Prêt à payer,
prêt à donner.
Pour te sauver de toi-même !
Avec puissance "je t'aime" !

Pour toi,
pour moi.
Pour chacun d'entre nous,
pour ce monde un peu fou...

Il fallait bien une mort,
pour payer tous les torts
Un homme, deux mains
pour poser un écrin...

Un souffle de liberté,
Il a été ressuscité !
Il s'est levé,
Il a brillé !

Recouverts d'un manteau
de lumière
sur la terre…
Des louanges, et des mots !
Qui peut expliquer ?
Comment exprimer ?

On peut l'admirer
dans sa beauté.
Il aurait
pu juger…
Mais Il a préféré
te regarder,
tendre la main, t'accueillir.
Réveiller, espérer ton avenir !

Toujours le choix,
toujours le droit,
de recevoir cette lumière
ou être aveugle sur terre.
Pour voir l'espoir,
le droit de pouvoir.

L'intelligence,
la persévérance,

de choisir la vie.
L'envie d'avoir envie !

Ta course, arrête !
Prends le temps,
Pâques cette fête,
c'est important!

Rien d'imposer
Une porte a poussé
La clé : ta foi !
Un pas, je crois !

Espoir, lueur d'un soir ?

Étincelle dans la nuit,
bourgeon qui fleurit?
Étoile dans le ciel?
Un bout du tunnel?
Espoir, lueur d'un soir,
ou espérance éternelle?
Existe-t-elle,
où peut-on la voir?

Nous y sommes nés
sans l'avoir demandé...
Dans cet inconditionnel, cet existentiel,
parmi les soirs rouges vermeils,
quand c'est la fin du soleil,
y a-t-il encore quelque chose dans le ciel?
Y a-t-il quelqu'un pour répondre,
aux questions simples et sombres,
sans se dérober comme une ombre,
sans mensonges qui encombrent?
Comme un papa et son enfant,
comme sait rassurer une maman?
Quelqu'un qui soit là, à chaque instant,
au-dessus de la mort, au-dessus du temps?

N'y a-t-il pas un pays promis?
un endroit où s'assoupir,
où réfléchir à l'avenir,
sans être terrassé
par son passé?
Où regarder dans cette folie?
Quel re'pères,
sur cette mer
si déchainée et en furie?
Un monde où l'on sourit?

La vérité dite a son importance,
sinon les mensonges sont denses.
Ne répond jamais la haine pour la colère,
même si ça te fait du bien, si ça te désaltère.
Ne répond jamais œil pour œil, dent pour dent.
Tu détruis et tu réponds à la guerre par la guerre.
Mais sème, plutôt, la graine du pardon dans la terre.
Tu récolteras bien plus que de l'or et de l'argent,
des fruits qui ne pourrissent,
des fruits qui ne s'évanouissent.
Tu récolteras un grand respect et l'honneur de la
sagesse,
tu verras des cœurs qui s'ouvrent et, vers toi,
s'empressent.
Le méchant creuse son tombeau,
mais le sage s'établit avec des mots.
L'amertume rend amer le cœur,
tes jours auront le goût du labeur.
La paix et la joie viennent dans une âme calme,

et l'amour s'y embrase comme une flamme.
Garde le regard de la maman à l'enfant.
Ne t'inquiète de rien tout vient "attend".

Dans l'indifférence, mieux vaut ne pas tomber.
Ne désespère pas, ne te laisse pas aller.

Garde bien tes justes valeurs, garde tes rêves,
cultive-les, continue à te battre sans trêves.
J'ai appris qu'il fallait combattre pour les promesses,
que les beaux discours ne sont pas des lettres de
noblesses,
qu'il ne suffit pas de romantisme et de tendresses,
et que pour le pouvoir et l'argent tout le monde se
presse.
Il faut marcher, pas besoin de courir.
D'abord réfléchir, ensuite il faut agir.
J'ai aussi rêvé d'un rose en tout temps.
Du grand amour,
un bonheur toujours...
Et j'ai su que le soleil brille a tout moment,
même quand le haut du ciel est fort lourd,
fermé de toute bleuté, de force le jour sort.
Aucun nuage épais n'a pu éteindre l'aurore,
comme aucune vague n'a pu emporté l'amour.
Comme le cours des saisons,
le printemps revient avec passion!

Comme un enfant qui apprend à marcher,
lorsque tu tombes, tu vas t'en relever.
Comme un bâtisseur, lorsqu'un mur s'écroule,
que les pierres ne tiennent pas et roulent,
il apprend à reconstruire bien pensé et plus dur,
à faire un édifice bien plus grand et plus sûr.
Rien n'est perdu quand on apprend,
ça nous aide à mieux aller de l'avant.
Comme le vase créer par le potier
s'il n'est pas bon , il va recommencer.
Il y a toujours mieux à faire et plus encore, à donner.
Tu seras rempli lorsque tu te déverses volontiers.
Les fleurs poussent là où on ne s'y attend pas.
Qui peut prévoir là où la pluie se déversera?
Dans le désert il y a toujours un bel oasis,
mais au lieu d'y passer, on passe par Tarsis...
Qui pourrait t'y conduire , t'y emmener?

Et si c'était cette étoile, l'étoile des bergers?
Pourquoi la fuir, la délaisser?
Qui pourrait t'en empêcher?
Est dangereux
ce qui est ténébreux,
ce qui voudrait t'esclavager,
ce qui voudrait te commander.
Parfois les gens l'appellent Hasard ou Providence...

Et si tu en avais l'assurance,
qu'elle te rende réponse,

si tu pouvais être sur qu'on ne trahisse ta confiance?
Crois tu que tes prières
sont perdues dans l'univers?
Moi j'ai découvert une relation comme au travers
d'une amitié.
J'ai découvert une passion, qui ne s'étiole, et je ne
suis pas lié.
Pas après pas, elle se construit,
mots après mots elle se vit.
Tout ça je l'ai découvert en Christ–Jésus
j'en suis bouleversé, content et tout ému.

Je suis donc j'agis

Désert,
hiver,
même chemin,
même lendemain.
L'horizon est tout nu,
la passion inconnue.
Le doute tel un vautour,
tel une ombre toujours.
En toi tu te dis:
– C'est pareil sur toute la terre,
je vais bientôt manquer d'air.
Pas d'eau, pas d'oasis.
Il n'y a rien.
Dans tes mains,
juste la promesse d'un meilleur possible.
Je me sens si vide, et je suis bien faillible...
Où trouver la force de continuer plus loin?
Où trouver le souffle au carrefour prochain?
La tempête d'habitudes s'est mise à souffler,
à en effacer la réalité.
Le sable de piètres pensées
crible mes yeux et je ne peux plus avancer.
Le soleil de la raison tape fort,
je suis déshydraté d'efforts.
– Si tu t'arrêtes maintenant,
qui marchera pour toi?

J'ai cherché,
j'ai retourné...
Un endroit pour me désaltérer,
une épaule pour me reposer,
quelque chose à manger
pour bel et bien me fortifier.
Une porte pour quitter ce désert,
un oasis de paix sur la terre.
De me battre, je suis fatigué.
De crier, ma langue à séché...
Il m'a entendu,
Il a tendu l'oreille
et cela m'émerveille.
Je n'étais plus inconnu.
Il a pris ma main,
Il a ouvert un chemin.
Une maison tel une forteresse,
un havre source de richesses...
J'ai pu m'arrêter
et me désaltérer.
Mais je n'ai pas reçu
ce que j'attendais...
De l'eau pour laver
mes pieds qui puent.
Une parole d'espérance pour me nourrir,
une vision pour ouvrir le chemin de l'avenir.
La joie pour avancer,
une promesse pour danser.
Des chaussures d'excellence qui s'arrêtent
dès que tu cours, comme danse une tempête...

Je n'avais pas compris.
Mon cœur encore contrit.
Et doucement Il m'a dit :
Sois et ensuite agit.

Ma seule richesse: la foi.
Ma seule assurance: Sa voix.

Je croirai pour…

Je croirai pour toi.
Je chanterai ta voie.
Je sèmerai Sa Parole,
ces promesses folles,
dans tous les champs,
et dans tous les temps.
Je sèmerai encore,
je crierais plus fort!
Lorsqu'on ne voudra plus apprendre,
lorsqu'on ne voudra pas comprendre.
Je croirai là où il n'y a pas d'espérance,
car je crois à ce vent de persévérance.
Je chanterai jusqu'à ce que les grands arbres
soient remplis de cette sève,
aient des fruit et des fèves;
Relèvent leur branche vers le ciel.
Là d'où vient la vie qui étincelle...
Pour que leur cœur ne soit plus de marbre.

Je n'ai pas peur car la parole
n'est pas une graine qui s'envole.
Elle frappe tel un marteau
Elle glisse comme l'eau,
trouve l'aspérité,
entre par capillarité,
et elle fait éclater

le cœur de rocher.

Je me donnerai à toi.
Je servirai le roi.
Je donnerai cette épée,
je donnerai cette autorité.
A celui qui pourra,
à celui qui dira,
sans armes,
et sans larmes.

A celui qui saura parler sans hausser le ton,
qui connaîtra les saisons,
qui parlera avec passion,
sans utiliser des mots comme boulets de canon.
Qui saura dire non au monde,
et à ses passions déchaînées.
Un tsunami comme une onde,
télévisions pour pensées enchaînées.
Pour celui qui ouvrira ce chemin,
et entraînera les autres, main dans la main.
Où le bien sera considéré comme roi,
où le mensonge n'aura plus de droit.
A celui-là je donnerai mon bonheur.
A celui-là je crierai Seigneur.

A celui qui parlera avec amour,
tous les jours, toujours.
Qui aimera plus fort
que les tempêtes de mort.

Celles qui empêchent la liberté de penser,
celles qui emportent la force de pardonner.
Celui qui ouvrira la porte de ta foi
et nous fera entrer dans le pays promis.
Celui qui dira: « je veux tout pour toi ».
Et qui n'oubliera pas ce qui a été dit.

Je croirai
à jamais!
Car ce souffle, personne ne me l'enlèvera
l'espoir personne ne le tuera, il renaîtra.

Parfois…

Mon cœur est un champ de bataille,
plus aucun général, c'est la pagaille.
Personne n'a vaincu,
personne n'a perdu.
C'est le chaos total,
tout sombre mal.
Ils se sont déchirés,
ils se sont tus…
Plus de cris de guerre,
juste les larmes à terre.
Ils ont tout perdu,
tous se sont brisés…
Qui va triompher pour la vraie liberté?
La colère et la révolte se sont acharnées.
La raison a été noyée,
l'angoisse a flotté.
La justice s'est oubliée,
la confiance s'est livrée.
La haine s'est emportée,
la trahison a régné.
Le mensonge a oppressé,
l'infériorité qui luttait.
La folie a tout saccagé,
l'indifférence a aidé…
La fourberie s'est emparée
de toutes les pensées

et la fatalité a chassé,
la seule vérité qui restait.
L'espérance a été bâillonnée,
la sagesse guillotinée.

La paix est partie en fumée,
le courage a déserté.
L'intelligence bien lestée
par les boulets du passé
qu'elle ne voulait pas lâcher.
Elle ne s'est pas relevée.
La séduction a enflammé,
et l'amour s'est consumé...
Les absolus
ont fondu,
plus rien n'est vraiment debout,
tout est sans dessus dessous.
Si je ne choisi pas tout de suite le bien
c'est la nuit qui me prend par la main.
Mais le vent a soufflé
sur ces cendres brulées.
Une lumière douce, rouge braisée
s'est levée, sans avoir été appelée.
L'Aurore est montée au midi,
ainsi un nouveau jour naquit.
Ses rayons tel des doigts,
qui brillent sur moi.
Saisir cette main,
marché sur ce chemin
dans cette lumière,

qui éblouit ma misère.
J'ai dit oui,
j'ai saisi.
Voilà ce qui m'a libéré,
pour être dans la liberté.

Et si je te disais

Et je te disais
que tous les trésors du monde se résument à un
mot ?
Et je te disais
que c'est un manque, la source de tous nos maux?
La joie.
Effroi ?
Faible, misérable et nu,
Il t'as rencontré et vu.
Il t'a pardonné, libéré,
tu peux pleinement entrer
dans la grande vie
dans ses paroles, ses édits.
C'est le pays promis.
Là où règne l'infini.
L'abondance de Ses richesses,
pour toi, prince ou princesse.
Il te donne la victoire
car en Lui tu as l'espoir.
Il est pour toi,
il est pour moi,
c'est Lui qui nous unit
et en nous Il vit et Il agit.
Souffle de la terre,
laisse danser cet air.
Il a donné Sa vie,

Il a tout accompli.
Il est dans le firmament,
Il est en toi maintenant.
De tes petites étincelles,
Il fait des merveilles,
Il en fait des soleils,
comme des étoiles du ciel.

Dans tes impasses,
et pour ta place,
Il a tout payé
pour que tu puisses librement entrer
il a tout prévu
pour que tu ne restes pas inconnu.
La vraie joie de demain,
c'est connaitre son prochain.
Savoir que Ses mains,
ouvrent ton chemin.
C'est avoir la conviction
que nous sommes Sa raison.
Et toi en qui crois-tu?
Est-ce toi qui es inconnu de la joie,
ou la joie qui est inconnue de toi ?
La crainte tue.
Tu flétris si tu restes indécis.
Le choix c'est la grande vie,
le garder c'est la foi.
Marche pas après pas.
Réjouis-toi,
crie de joie!

Fais-toi violence!
Lève-toi et danse!
Chasse ces mauvaises pensées,
fais taire la tempête déchainée.
Tous détruits, prisons et bourreaux,
comme la noix sous le marteau.

Jamais tu ne seras oublié,
car c'est Lui qui t'as créé!

Naissance d'un printemps...

Le firmament entend nos prières.
Le ciel connaît ton silence.
Qui dompte les vagues de la mer?
L'urgence d'une régence!

Qui souffle le vent ?
Nos tempêtes de colères,
nos nuages de misères?
Des gens importants?

La loi de l'amour,
loi de toujours?
L'émergence
d'une abondance,
cette passion
d'une ré'love'ution.

La mort peut-elle donner la vie,
une graine donner un épis?
Une graine doit mourir
pour donner un avenir.
Après le terrible hiver
qu'y a-t-il sur la terre?

Le bourgeon tel l'espérance,
la vie tel une semence.
Le printemps, une puissance!
Le fer, une inconscience...

Le germe tel une naissance,
la persévérance
d'une résurgence.
La nécessité d'une renaissance!
Les fruits, l'ivresse
de toute les promesses!

Une aurore qui se lève avec aisance,
au milieu de la nuit et ses essences!
Est-ce que décadence
rime avec démence?
Une flamme de décence
parmi la négligence.
Un miracle qui parle d'enfance.
Histoire d'invraisemblances?

L'étoile du Berger,
l'étoile providence?
Le soleil tel une éminence,
dans l'étendue, une constance.
Ses rayons pour la croissance,
la pluie pour l'abondance.
Un torrent tel un cri d'allégresse
l'eau c'est notre richesse.
L'hirondelle, comme une princesse,

vole dans le vent et ses caresses.
Juste une étincelle sur la terre,
un changement pour l'univers.
Une fleur
de bonheur,
une flagrance qui emplit le jardin,
un parfum qui ouvre un chemin.

C'est le printemps
prend ton tant...
Ce pays de liberté
commence en toi.
Nous pouvons aimer.
Oui, je le crois.

Gouttes

De rochers blancs,
le ciel et ses pans,
aux flaques d'eau
miroir d'en haut.
Reflet de liberté,
ce pays qui paraît...

Ploc, plac, plic,
elles répliquent,
elles fredonnent un air de fête,
elles chantonnent à tue-tête!
Tant de mots inconnus,
aux grandes eaux étendues...
Jusqu'a terre elles applaudissent,
lorsque le rideau gris–noir glisse.
De milles et une nuit,
elles racontent la vie.
Elles s'éffacent du monde
en laissant une onde,
tel des cercles passions
jusqu'au bout de l'horizon.

Plic, ploc, plac,
elles attaquent
elles rappliquent,
elles s'appliquent,

en tactique..
Pas de pique,
frappent en tic-tac
sur le sol qui craque.
Unique ou identique,
une dérision ou des millions,
avec raisons, ou sans prévisions.
Libre ou en grosse barrique,
une note, toute une musique.
Atlantique et pacifique,
ruisseau, torrent et océan
ensemble, ce changement !

Ploc, plac, plic,
elles s'impliquent!
Imparable logique,
totalement public.
Pas de logistique,
pas de mécanique.
Ni politique, ni polémique,
le partage en mosaïque.
Sur toutes les villes,
sur toutes familles,
Europe ou Mexique,
en Asie ou en Afrique,
pas de misère, elles désaltèrent,
qui veut, sur cette pauvre terre.

Je veux la douceur

La douceur fleur millénaire,
qui traverse tout l'univers...
Arrachée de la terre,
et jetée à la misère.
Non protégée
et remplacée
par la dureté
ou la colère.
Oui, piétinée
pour distraire!
Pour garder sa sphère,
des limites qu'on aère.

Si l'amour est le roi,
la reine est sagesse,
la douceur est princesse,
sa sœur est la délicatesse.

Derrière un petit rire,
des pommettes à rougir,
elle peut se cacher.
Elle n'a rien à prouver,
elle peut se donner,
elle n'a rien à gagner.
La douceur n'est pas paresse
elle connait la vraie liesse.
Ni trésors à amasser,

ni blé à engranger.
Elle apparaît
quand tu es prêt
à aimer avec tes mains;
à quitter ton sûr chemin.

La douceur n'est pas fragile
elle est juste délicate.
Elle ne se cache et elle ne file,
elle n'est pas de ouate.
Oui elle se bat avec des mots,
avec des encouragements...
Elle se bat contre le méli-mélo;
sagesse en tout temps.
Sans militaires,
sans guerre,
pour un choix,
elle élève la voix.
Contre l'indifférent,
et contre l'arrogant.
Elle ose dire non
à celui sans raison.

Je veux, en tout, cette douceur
celle qui laisse parler le cœur,
Celle qui donne le courage
d'attendre encore, sans murmures,
les yeux fixés sur le proche futur;
qui évite les tempêtes de rage.
Elle retient les flèches de guerre,

et ouvre les mains de la richesse.
Elle ne bâillonne pas la petitesse
et elle accueillera sœur et frère.
Elle donne un sourire,
pour ouvrir l'avenir.

J'ai choisi d'aimer

Sans religions,
sans conditions,
sans obligations,
avec raison.
J'ai décidé d'aimer,
j'ai choisi la vie.
Je me suis arrêté
pour tendre cette main.
C'est ouvrir un chemin,
c'est donné l'envie
d'aller plus loin.
Les yeux levés
vers l'éternité.

La perle de grand prix,
c'est toi, moi, c'est nous.
c'est complètement fou !
C'est la bâtisse de l'infini.

Ensemble donner,
c'est multiplier.
Tout peut changer,
tout est à travailler.
Tout commence par croire.
Il nous prépare à recevoir.

Il ne faut pas moins,
d'un homme, que toute sa foi
mais je crois en cette voix.
-Aime ton prochain.
-Ma force sera ta joie.
-Oui mon Esprit agira.

S'appuyer sur le Rocher,
pour ne pas être ébranler,
pour ne pas être briser.
Les vagues vont déferler,
le doute du bien penser,
la crainte bien fondée .

Le désespoir abonde
sur ces terres noires.
L'espoir du monde
c'est cette victoire.

Briller, se consumer,
Le laisser nous renouveler.
Tout vendre, abandonner.
Oui j'ai choisi d'aimer.

Envahit

Les yeux ne sont pas protégés,
ils ne possèdent pas de bouclier...
J'ai été envahi,
presque ensevelit.
Je n'ai pas perdu,
je ne pas été vaincu.
Mais j'ai oublié...
Je n'ai pas résisté..
J'ai laissé entrer
la fourberie et sa trahison,
la convoitise et ses tisons.
Partout où je voulais,
partout où je me tournai,
ses mauvaises pensées...
C'est elles qui me gardaient.

Un voile bienveillant,
doux et sécurisant ?
Belle fleur
et ses malheurs,
pans blancs
et ses piquants.

Elles m'aveuglaient.
Elles m'empêchaient
de voir

l'espoir
de voir le changement,
le futur après ce présent.

Dans le dépit,
ce vis-à-vis.
Dans l'effroi,
ce seul habit.
Je suis ici
sans toit.

Plus de paix.
Ici j'errai...
Je courais.
Le feu me suivait,
tel un vent de charbons,
tel un sombre horizon.
J'étais comme lié,
impossible de bouger.
J'étais bâillonné,
impossible de changer.
Libre de faire le mal,
interdit de faire le bien,
la torpeur et ses dédales
m'emmenaient au rien.

Pas besoin de chercher,
je savais où regarder.
Pas les forces d'y aller...
J'y étais bien obliger,

mais je ne pouvais me forcer,
mon chemin soudain fermé.
Miné, j'étais dévoré,
je ne pouvais l'arrêter.
Je me suis enfuit.
Ce « moi » bien petit...
J'ai crié
et supplié,
la main j'ai tendu
Il m'a vu et entendu.

Il n'était pas obligé
je n'allais rien rapporter
Il m'a tendu la main
il m'a ouvert un chemin

il m'a donné maintenant
pour mon dur présent.
Il m'a donné sans retenue
C'est bien Lui, c'est Jésus
Il m'a donné sang condition,
dans sa main la compassion.
De joie j'ai chanté,
je me suis levé,
et j'ai dansé.
J'ai sentis la liberté.

Quand le ciel donne...

Quand le ciel a donné,
la terre a manifesté.
Une étincelle, une naissance,
une étoile, une puissance...
Graine semée,
semence germée.
Promesse donnée,
promesse manifestée...

Quand le ciel s'est donné...
La terre a repris.
Le midi obscurcit,
soudain il a cessé de briller.
Un voile pour cacher?
Les rochers sont brisés,
l'espoir a été soufflé,
les ombres ont gagné?
Une tempête, une colère?
Un éclair.
Le tout réduit en poussière!
Un tonnerre!

Trois jours
pour toujours?

Quand le ciel sait donner...

L'arc, dans le bleu, est élevé.
Une éclatante vérité,
un soleil s'est levé.
La mort n'est plus,
le tombeau vaincu.

L'espoir a poussé,
une malédiction brisée.
Un monde est né,
un changement libéré.
Un ordre a commencé.
Un appel est lancé,
une mission confiée...
Aimer à s'en donner !
Plus des obligés
mais des passionnés.

Un souffle nouveau,
une nouvelle eau,
un nouvel horizon
et tant de raisons.
Un pas, le néant...
La foi, le présent!

Quand le ciel a donné,
une vague a effacé,
le rivage délaissé.
Emporté les cailloux
si lourds et si fous.
Ce que la mer a régurgité...

Un printemps a surpassé
l'hiver trop rude et glacé.
Le vent a relevé
le roseau plié.
Un chemin au milieu des décombres,
un flambeau au-dessus des ombres.

Partage un sourire

Partage un sourire,
tu ouvres l'avenir.
Première pierre
pour construire,
première terre
pour bien bâtir.
Cette grâce pour établir,
des parents pour chérir.

Des bergers, des mages,
des paroles sans présages,
autour de l'attendu,
le miracle de la vie.
La prophétie annoncée
c'est accomplie,
cette promesse donnée
est bien venue.
Un cadeau, mille rires,
des trésors, de la myrrhe...

Ils sont venus de loin,
pas de fête, ni de festin,
ils ont aperçu le destin.
Une étoile pour chemin.
Réunis autour du bonheur.
Une étable et tant d'honneurs...

Ce petit enfant tout emmailloté,
un sourire donné pour l'éternité,
tel une aurore dans la nuit,
de l'or au milieu de la paille.
La paix dans la pagaille.
L'eau d'un nouveau puits.
Un si doux murmure,
qui vient tel le fruit mur.

Noël c'est l'espoir partager,
Les mains pour donner,
un cœur pour aimer,
une bouche pour chanter.
Une petite étincelle comme soleil,
une pierre comme 7ème merveille.
Une goutte comme un océan,
un germe comme un champ.
Une fleur qui emplit tout un jardin.
Tout ce qui se trouve dans un écrin.

Tout ce qui coûtera à ton cœur,
est une perle qui a de la valeur.
Et toi cette année,
que va tu partager ?

Pas de foi, pas de réalité

Pas d'écrits,
pas de récits.
Pas de récits, pas de livres :
pas de loi, ni de foi pour vivre.
Pas de chemins, pas de destin.
Pas de dessein, rien dans les mains.
Pas de vérités, pas d'actions,
pas de foi, pas de vraie réalité.
Pas de marche, pas d'avancée.

« Je suis le chemin, la vérité et la vie »
Un seul a osé, un seul l'a vraiment dit.

Hurluberlu,
jeune inconnu ?
Un conteur, un maître penseur ?
Un poëte, un bon manipulateur ?
Un homme qui a vécu,
un prophète appelé Jésus.
Des siens, châtié et renié,
parce qu'il a osé interpeller...
Ils se sont sentis défiés,
ils se sont sentis attaqués.
Une autorité aveuglée
par son riche passé.
Enfermés dans leur présent,

Lui parlait de tous les temps.
Etait-il fou à lier ou être ange ?
Pour le monde, un bébé en langes...
Pas de soleil et de pluie, pas de vie.
Pas de vie, pas de souffle sur terre.

Si une étincelle éclaire dans la nuit...
Un noël peut-il changer la misère ?
Pas de passion, pas d'amour.
Pas d'amour, pas d'horizon.

Du rhum... De Rome..

Des contours,
des détours...
on tourne tous autour,
jusqu'à trouver l'amour.

Des pas pour croire,
des jours pour voir.
Faut-il marcher
pour se trouver ?
Faut-il partir
pour un sourire ?

Ou regarder,
qui écouter ?
Celui qui a créé
ou ce qui est créé ?

De chez toi jusqu'à la chapelle,
juste un pas.
De chez toi jusqu'à la citadelle,
chemin de foi ?
St Jaques de Compostelle
Grande route du ciel?

De Rome au Vatican,
du vent, et des gens...

Des croisades, des croisements.
des malades, des malentendants…
des âmes perdues,
des cœurs vaincus…

Sur terre battue,
chemin de misère.
Pieds nus, esprit abattu,
avec toi, paix ou colère ?

De rhum, ou de Rome,
théologie ou philosophie ?
Petits sentiers ou grande vie ?
La faute à la pomme ?

De rhum à Rome,
une grande sagesse,
une vraie richesse ?

Toutes ses grandes religions
qui doivent unir les horizons,
qui enferment dans des actions,
qui emprisonne dans des illusions…
La meilleure vérité
cachant la duplicité.
Ou est cette liberté,
qui prêche la réalité ?

De Rome à rhum
Même breuvage,

d'âge en âge...
Même ravages,
même esclavages.
Bien plus de dilution,
paroles sans passion,
distillation pour division,
bien agité est cet horizon.
ou sont les sages et les penseurs
quand le peuple périt et se meurt ?

Et si le chemin perdu s'arrêtait,
le sentier trop connu s'effaçait ?
Lorsque tu lèves tes yeux au ciel,
vers ses lumières qui étincellent...
Vide, dis-tu ?
Pas de connu?
Crie au secours,
tu verras toujours.
Ce pays de liberté
commence en toi.
C'est ton choix.
Oui, je le crois.
Pas de tomes,
pas de tonnes,
juste un homme,
une vraie personne.
Le chemin de la voix,
un chemin de « crois »
Un seul et vrai nom,
Jésus, une relation.

Plus de moins et moins de plus

Moins d'indignation,
plus d'actions.
Moins d'idée folle,
plus de sagesse.
Plus de richesse,
moins de paroles.
Plus de temps
pour les gens.
Moins de tic-tac
plus de tactique.

Des tomes et des tomes,
toujours plus de rages.
Des tonnes et des tonnes,
toujours moins de partages.
Des pages et des pages,
toujours moins de sages...

Plus de puissance, moins d'ohm,
moins de macho, plus d'hommes.
Tel est la vérité,
tel est la réalité.
Des ailes, des « je t'aime »
des actes, moins d'emblème.

Moins de tout.
Plus de nous,
moins de moi...
Moins de moi,
plus de toi.
Tu dis : « Pourquoi ? »
« Je suis avec vous
dans cette réalité. »

Une bouteille à la mer

A la mer, j'ai jeté une bouteille,
lors d'un triste soir vermeil...
Les couleurs n'avaient plus de vie
tout était bien sombre et gris...

J'ai enfermé mes peines, mes cris,
sur un papier
tout chiffonné.
J'ai déposé mes maux, mes plis.
J'avais noirci: ~Au secours!
Je ne pensais pas à un retour.
C'était, tel mon dernier recours...
Une vie dans un monde si lourd...
Un ciel de plomb,
un océan mercure...
Plus aucune passion,
pas même de futur.
Des radeaux de superficialité,
dérivant sur la vraie réalité.
Des galères de misères.
Familles, faire contre fer,
Des canons de colère
pour un bout de terre.
Que des îles d'égoïsme,
une vision tel un prisme.
Beaucoup de reflet,

utopie pour diviser...

Un bateau de pêcheurs
d'âme dans le malheur ?
Un marin a trouvé
mon message caché.
Il a lu le SOS lancé,
Il a tout laissé
pour me chercher,
et Il m'a trouvé.

Je n'étais qu'errance.
Il s'est donné
tel le Héraut
il m'a porté,
sorti de l'eau.
Sur l'île de l'espérance.

J'y ai pris la fraîcheur
des fruits exotique...
la paix et le bonheur !
Peut-être classique...

Mais lorsqu'il y a du goût,
vraiment ça change tout !

De la vie, une semence,
un vrai sens à tes sens.
Celui qui m'a répondu
s'appelle le Christ-Jésus

Chronos et son prophète

Parmi les temps, un grand prophète
qui excite à la colère ou à la fête.
Ni pour ni contre bien au contraire,
il a toujours un commentaire à faire.
il ne se réclame d'aucune religion,
mais il est là, quelque soit la région
Ni vérités, ni mensonges,
il prêche rêves et songes.
A tout le monde, toutes nations,
petits et grands, sans exceptions.
Contre lui, le firmament est très en colère.
Et elles jubilent, les puissances de la terre.
Il n'a d'autorité
seulement si on le croit.
Qui l'a autorisé,
qui lui a donné ses droits ?
D'où vient son message ?
pour quels rois, quels sages ?

Serpent à lunettes,
et sa danse muette...
Il a craché son venin,
des étincelles de rien.
Dans leur yeux et leurs cœurs,
pour qu'ils vivent par le bonheur.
L'indifférence règne par la distraction.

La fausse raison par toutes ses actions.

Tout est sans dessus dessous.
Ils sont presque borgnes et fou.
Derrière leurs grandes pages,
ni tristesse, ni joie, ni rage.
Des nouvelles qui proclament « Fatalité ! ».
–« Il n y à plus rien de vrai, laisse tombé »
Plus personne ne croit,
on dit: folie est la foi.
Seule vérité, tous l'accepte !
Bonne loi, bons préceptes ?
Comme si, on voulait
empêcher de réfléchir,
cette lumière d'avenir...
Conscience à emprisonner.

Cette fragile liberté....
Pensées enchaînées,
mains encore déliées,
quand va-t-elle faner,
cette fleur à protéger ?
Le peuple périt faute de vision...
Liés par les murs de leur salon.

Ce vicieux n'a pas de visage
mais une multitude d'images.
Il n à qu'un langage,
pour lui, tout est gage.
Juste te pousser dans l'engrenage,

la pensée pour que tu t'engages.
Sûrement, il a tissé sa toile,
à chacun il a mis un voile.
Obscurcir ta bougie d'espoir,
rendre cette nuit plus noire.
Voler ton cœur de chair
pour y mettre une pierre.

Quelles lunettes,
qu'est-ce que tu projettes ?
Rejette la facilité
mais cherche cette vérité !
La lumière vient toujours du même endroit
on peut toujours reconnaître un vrai roi.

Ils marchent et pourtant...

Nations après nations,
générations après générations,
pas plus de solutions,
pas de meilleures raisons.
Tous leurs beaux mots
sont partis au tombeau.
Sage après sage,
page après page,
pas plus de nouveaux horizons,
mais désillusions sur déraisons.

Ils ont bien cherché
mais ils n'ont pas trouvé.
Ils se sont battus
mais ils n'ont rien gagné.
Ils ont tous disparus...
Pourtant si grande nation,
si puissante civilisation,
organisée et structurée,
et par le temps effacée.

Qui leur dira
que l'homme est une brume légère,
dissipée par le vent?
Qui leur fera

comprendre que cette fleur éphémère
a un cœur qui ment?

Ils ont construit,
mais ils n'ont pas pu empêcher
le temps qui s'enfuit,
ils n'ont pas connu l'éternité.
Ils se sont éteints
sans lendemain.
Personne ne leur a dit,
la nuit n'a rien transmis,
l'aube n'a rien récolté,
le jour l'a déjà oubliée.
Les prêtres se sont-ils endormis?
Quels rêvent se sont-ils permis?
D'état
en états,
d'aurore en aurore,
encore et encore,
leur folie s'est transmise
avec leurs traités de traîtrise.
Ils se sont laissés et oubliés
et les violents sont montés.
La possession des armes
contre la peur du néant noir.
Cadeau des larmes
à ceux dans le puits désespoir...

D'infini
en un fini,

de gloire
en gloire,
devant la vérité en présence,
surgit une pierre d'espérance;
sur laquelle chacun peut bâtir
et être serein face à son avenir.
Un pain qui nourrit la terre
que rien ne peut satisfaire.
Pas seulement une religion
vécue en communauté,
mais une vraie relation
vécue en proximité.
Pas de livres d'idées
mais une authenticité.
Pas de meilleurs
mais des frères
et des sœurs,
des pères et mères.
Pas de temple d'or et d'airain
mais ensemble sur le chemin.

Qui a osé, qui est ce qui a dit:
Je suis le chemin, la vérité et la vie?

Aimer à s'en donner

Mourir à en aimer.
Coûte que coûte,
pardessus le doute.
Aimer à sang donner.

Plus fort que siffle le vide en toi,
ces pensées dans leur carquois...
Aimer et ne pas s'arrêter.
Ce port d'attache, le quitter.

Pardonner et ouvrir la réalité.
Construire, ensemble créer.
Gravir chaque mont blanc,
lorsqu'il est encore temps.
Pour trouver ce nouvel horizon,
notre vérité ; cette forte passion,
qui donne les mots
pour unir à nouveau.

Quand s'en ira-t-il ?
Quand la vie fuit et file...
Pardonner, ouvrir les frontières,
arrêter d'être si barbelés, si fier.
Les promesses les honorer,
ne rien laisser, ne rien oublier.
Tout disparaît et rien ne reste.

Les choix ne sont pas des tests.
Toute à une conséquence,
alors apprends la patience.

Ne regarde pas la mort,
que tes yeux soient fort.
Regarde devant,
il y à tes enfants.
Convaincu, sois tout entier.
Tes forces, et tes pensées.
Demain n'est pas pour rassurer
et aujourd'hui est si vite passé...
Aime comme jamais
tu ne l'a dit, et l'a fait.
Sois un héraut au moins,
pour une cause, quelqu'un.
Ce que tu auras semé
ne s'éteindra jamais.
Telles des étoiles d'éternité,
elles resteront comme gravées..

Réveille-toi, étonne-toi.
En route, Il pourvoit.
Regarde et considère,
l'œuvre sur cette terre.
C'est la pluie et le soleil
qui fleurissent et émerveillent.

Placés dans ce si bel écrin...
Juste pour manger du pain ?

Quand tu aimes tu donnes tout.
Un seul ordre à porter : aimez fou !
Et si on se préoccupait de son prochain ?
Tous seraient princes, rois ou châtelain.
Plus de guerres pour ses droits, ses avoirs.
Soyons ses lumières, ses semeurs d'espoir.

Un bourgeon dans ta main

Il est venu, tout a changé.
Tu choisis, tout est renversé.

La terre a tremblé,
les rochers brisés,
la séparation déchirée.
La pierre a été roulée...
Soufflé par un murmure,
rien n'est resté, aucun mur.
Ils se sont ajourés,
les noirs tombeaux.
Libérés de nos mots,
elles se sont brisées
les portes de nos prisons ;
pour venir à la lumière,
percée d'un nouvel horizon,
un reflet sur tout l'univers !
La vie n'as pu être retenue.
L'espoir ne peut être vaincu.

L'ordre bien établi n'est plus.
La force de cette loi a disparu.

Lorsque la mer et le ciel se sont touchés,

ils ne font plus qu'un.
Quand le vent relève le roseau couché,
cette lueur revient.
Quand l'océan n'éteint pas le soleil...
Une fleur, une étoile t'émerveille.
Quand l'aurore semble crier,
chaque matin encore plus fort,
le début d'un nouvel essor...

Il est tant donné, temps d'aller.
Le courant a soufflé,
les voiles levées !
Le port est abandonné.
Les bateaux ont quitté,
transportant le plus beau des diamants,
une perle trouvée dans un champ.
Une foi comme une graine semée.
Un arbre planté, une montagne déplacée.

L'espérance d'aimer librement.
Ouvrir le chemin droit devant.

Sang condition,
juste un nom,
un oui avec foi,
oui pour ta voie.

Des voiles pour quitter son passé.
Des ailes pour saisir cette liberté.

Dans ta main, un bourgeon

Une horloge sans aiguilles qui piquent le temps.
Un trésor, l'amour, sans être racheté par l'argent...

Besoin d'être un héros, une fronde et des mots.
Une princesse courtisée, par le prince, charmée.
Un jardin pour semer ces mots qui aiment,
un signe qui élève le cœur tel un emblème.
Un pays de rêves, d'abondance,
un printemps, une renaissance.
Un refuge pour une autre chance,
île sans guerres, juste la clémence.

Une famille sans frontières,
un éternel présent, sans hier.
Être vrai sans barrière,
sans se cacher derrière.
Une joie au-delà de la morosité,
une vérité ineffable,
un calme inébranlable,
au-dessus des eaux, un rocher.

Une patrie sans rois mages,
ses charlatans qui donne des mirages.
Un même pas entre les pieds et l'âme,
un amour qui t'enflamme.
Être léger telle l'hirondelle,
libre de danser dans le ciel,
sans se fatiguer,
sans se lasser.
S'échapper de la cage,
fuir la terre et sa rage.
Un cœur qui renaît,
des actes de paix.

Voir un nouvel horizon.
Avoir une vraie raison.
Faire le bon combat,
garder l'ultime choix.
La force de saisir ce vrai changement.
La mérite de dénoncer ce qui est dément.

Changer de lunettes pour changer de monde.
Besoin de ne plus voir la misère, l'immonde.
Lire de nouvelles pages,
entendre un autre sage.
Un bateau, un paquebot
pour quitter son radeau.
Un ancre de sécurité face à l'avenir,
une boussole juste, pour ne pas périr.
Les pieds bien enracinés sur cette terre...
Et pourtant les branches dans les airs !

J'entends ce doux vent
qui chante les temps,
l'arrivée d'une autre ère,
qui orchestre la mer.

Tu es venu, tout a changé...

Nous ne sommes pas d'ici.

De passage par cette vie...
Sur ce labour, tels des étrangers,
aucun endroit où se reposer.
Nous avons les pieds sur terre,
sur ménage, ou sur l'état j'erre.
Les mains, la tête dans les nuages...
Loin de ses guerres et de leur rage ?
Étrange ou ne pas être?
Des sapins tels des hêtres.

Cette pensée
de l'éternité
chacun l'a,
mais pourquoi?

Sans voix sans maux,
de la joie, tant de mots,
tout brille, tout est beau,
tout est pierre et joyaux.
Tous fils et fille du réel,
Sahel, Babel ou de Bethel ?
Un vrai nom, une appartenance,
un héritage, une descendance.
Palace, château fort,
tous de rois et d'or.

L'espérance une entrée pour la foi,
la foi une porte vers ce qui est et sera.
Une porte d'entrée,
une seule vérité.
Elle est gardée
par un Berger.
Tu es libre et pas obligé de rester.
Si tu te perds, Il viendra te chercher.

Dans nos mains des étoiles,
dans nos cœurs des voiles.
Des soleils pour faire pousser
des fleurs, fruits de lumières.
Des bateaux pour traverser
les tempêtes de toute mer.

Dans ce palais de beauté,
dans cette retraite de paix,
dès que nous nous arrêtons...
La confiance dans nos cœurs
dès que le calme demeure.
Lorsque que nous écoutons,
la voix qui crie dans le désert,
le repos dans tout l'univers.

Une source comme une caresse,
elle abreuve telle une richesse,
poussière de diamant
déposée délicatement.
Pour qui veut boire

pour qui veut voir.
Il doit y avoir quelque chose de précieux,
un trésor bien présent dans ce pays d'en haut
pour que la nature chante un hymne joyeux,
un cri de verdure, une eau qui donne le repos.
Dans sa tanière,
emportée la misère !

Jacob ou Israël,
menteur ou rebelle,
subir ou agir,
vivre ou fuir.
Faire le possible
espérer l'impossible !
Levons les bras,
loin du brouhaha !

Un port d'attache, une forteresse ?
Un canot dans les chemins du vent ?
Une ancre dans le firmament.
Les océans comme une promesse.

Des filets comme la pluie d'été.
Des champs qui dansent,
ivresse de l'abondance.
Vin, huile, blé, miel tout est prêt !

Nous avons un pays.
Nous avons une patrie,
sur les frontières de l'horizon,

comme un éclat de compassion...
Tu peux l'apercevoir,
dans un doux regard,
dans une larme de bonheur,
dans une goutte de sueur.
Lumignon ou chandelle,
tisons ou étincelles,
lumière tout de même,
d'emblée un emblème !

Ce royaume nous appartient
et il peut être aussi le tien.

Une étincelle, une étoile

Tu le vois bien,
ce vrai chemin…
Tout descend du ciel,
là où les étoiles étincellent.
Pluie et soleil,
tout émerveille !
Ce pays de promesses,
ce pays de richesses,
est-ce qu'on l'atteint?
Au bout des mains.
Un monde tout à l'envers.
Et si le ciel était notre terre?

Un royaume et des vérités.
Une philosophie, une liberté.
Un signe, un changement.
Une hirondelle, un chant.
Un roi et une autorité.
Un héros, un guerrier.
Une indignation, une révolution.
Un nouveau souffle, une passion.
On soupirait, on voulait,
le bonheur, la paix, et...

Une étoile s'est levée.
Dans une étable un bébé.

Quelque chose s'est passé.
Tant de simplicité.
Et pourtant,
et pour temps...
Comment, pourquoi?
Une liberté, un choix.

Le pays attendait comme une promesse,
l'été et l'abondance de ses richesses.
Il a fallu que le ciel rencontre la terre
pour que ce printemps soit donné.
Le soleil, la pluie et même du tonnerre
pour faire fleurir ce qui a été semé.

Aveuglés, distraits au mieux,
par ce qui frappe les yeux...
Insignifiant, de presque rien...
Oui, il s'ouvre un chemin !
Derrière un souffle se cache le vent.
Derrière une goutte se cache l'océan.
Une graine, un arbre de vie.
Une portée, une symphonie.
Un mot, un poème.
Un regard, un « je t'aime ».
Un cœur, une immensité.
Une abondance, une éternité.

Un refuge dans l'hiver ?
Des chants dans la citadelle
Une aurore qui appelle,
une voie qui crie: espère !
Les ténèbres tel un manteau ?
Ne baisse pas les bras !
Battons-nous, ne laisse pas
la misère te faire des maux.

Sans toi, sans nous...

Un château sans princesse,
une église sans fidèles.
Un coffre-fort sans richesses,
une étoile sans ciel.
Un berger sans brebis,
des brebis sans berger.
L'univers sans infini,
des notes sans portée.
Un royaume sans trône,
un roi sans couronne...

C'est une ruine étincelante.
Des façades éclatantes !
Bâtisses inutiles,
un vent futile.

Un monde de mensonges.
Tout au mieux des songes.
Des sages doux rêveurs,
de victorieux dormeurs...

Toutes nos cathédrales,
nos chemins en dédale ;
tout le bois, le fer,
ne parlent pas,
ni mots ni vers.

La vie est en toi.

L'importance de ta présence...
Lève les yeux il y a de l'espérance !
La vérité c'est le bonheur.
Qui se battra pour des valeurs ?
Qui aura comme passion des raisons ?
Qui aura comme but l'horizon ?

L'obstacle n'est qu'un mur.
Souviens-toi du futur,
le présent t'appartient.
Saisis-le ce chemin.
Sûrement on dira : « tu es fou ».
Tout est devant nous.
Et si tu vas à contre-courant ?
Ton choix est influent.

Ne restons pas derrière la réalité.
Dans nos mains tant de possibilité.

Le meilleur cadeau

On voudrait donner,
on voudrait trouver,
un écrin de velours,
un torrent d'amour.
Des supers pouvoirs,
qu'on ne puisse te voir,
traverser des murs,
connaitre le futur.
Des journées de 26 heures.
La paix, la joie, le vrai bonheur.
Des vases d'argent,
des amis vraiment…

Décrocher la lune et le soleil,
trouver la huitième merveille.
Tout oublier et recommencer,
le pouvoir initial de tout créer.
Construire la plus haute tour,
un miracle tous les jours.
Ouvrir des sentiers
tel un grand pionnier.
Dans tes mains des étoiles,
Une ancre et des voiles.
Tout peindre en rose,
savoir parler en prose.

On voudrait donner,
on voudrait trouver,
le soleil comme saison,
la pluie comme caresse.
Le bonheur comme ivresse,
la paix comme sagesse.
Chasser l'ennui
sur ma terre.
Attraper cet infini
voir l'univers.
Garder la flamme de la foi,
que tu sois serviteur ou roi.
Etre reconnu et honoré,
être aimé et apprécié...

Je peux offrir tous les diamants,
offrir un cadeau à tous les gens.
Mais le plus beau des cadeaux,
ce sont simplement les mots...
Être là au bon moment,
accepter ton présent.
Je voudrais te dire,
ces 4 mots d'avenir :
``Merci'', ``pardon'', ``je t'aime''.
Pour Noël tel un emblème,
un bébé emmailloté et nu,
je veux donner ce nom: Jésus.

La simplicité est dans tes mains,
le don pour ouvrir ce demain.

Telle une graine qui est multipliée,
la grandeur dans notre réalité.

Instantané...

1 milliard.
C'est tard.
Le monde,
tout gronde.
Désillusion,
indignation.
Un verre,
un air…

Instantané,
réalité ?
Espéré
ou imaginé ?

J'ai vu.
As-tu
regardé ?
Vérité ?

Mots
ou faux ?
Que retrouver ?
Recherché
ou être flatté ?
Flatté
ou falsifié ?

Encouragé
et fortifié ?

Que veux-tu être,
que va-t-il naitre ?

Être ange, humain ?
Humains étranges !
Venge de mains ?
Demain change ?

Donjons,
horizons ?
Passion!
Raisons...

J'ai regardé
longtemps,
observé,
c'est vraiment
notre matérialité.

Entre deux

Tout quitté,
tout recommencé…
Qui le voudrait ?
Qui le pourrait ?

Un chemin de crois,
très dur quelques fois ;
qui conduit forcément
à un grand croisement,
entre la terre et le firmament,
entre soi-même et les gens …

Dans cette intersection,
où se mêle les passions,
où s'invite craintes et frustrations,
il ne faut pas perdre la raison.
Rester bloquer en tournant en rond…
Garde, sur ton cœur, Sa vision !

Prendre la bonne direction,
garder les bonnes motivations…
Garde le cap,
tu en es cap' !
Tu entends Sa voix,
Il a posé Sa main sur toi.

Un temps fini,
dans cet infini.
L'éternel cycle de la vie.
C'est la folle danse des saisons !

Le monde part en vrille…
Le soleil toujours sur l'horizon !
Lève les yeux,
regarde au cieux.
Tu verras toujours une étoile,
qui comme une voile,
t'emmènera ici ou là,
et t'aidera pour le prochain pas.

Ce qui est promis est devant.
Avance même si tout est décadent,
même si tu ne sens plus rien,
et que tu entends le chagrin…

Il faut oser ouvrir les yeux
car il en faut peu pour être heureux,
les coins de paradis sont nombreux.
Ils vont par deux, ils sont en Dieu.

La fin d'un chemin,
le début d'un sentier,
pour ouvrir une nouvelle voie !
Découvrir, tel un cri de joie !
Tant que ce n'est pas le désert
de la solitude et des sans repères…

Tu es en route !
Pas de doute !

Passer par-dessus

Ma langue était
collée à mon palais.
Quelle eau avais-je bu ?
Quelle vérité avais-je tu?
Quelle source m'avait séché ?
Ment songes ou fausses vérités ?
Mes mains et mes bras étaient liés.
Ma raison, ma vérité, ma volonté,
ce qui m'a conditionné ...
Toutes sortes d'idées.
Inspirées de qui, de quoi?
De tout, de foi, de loi.
Quel vent m'a ensorcelé ?
J'étais intoxiqué.
Mes pieds enchaînés
par des passions erronées.
J'ai marché
continuant à me trainer.
Les yeux brûlés,
par des fables, aveuglés.
Pris par les sables mouvants, je m'enfonce.
Liberté et conquête, pris dans les ronces.
Plus je bouge, plus le filet se resserre.
A l'étouffée, oppressé je manque d'air ...
Poursuite d'une illusion,
philosophies à profusion.

Le graal n'était qu'une façade.
C'est la grande dégringolade.
Recherche d'une harmonie :
Sur une balance...
Quelle influence?
Équilibre pour symétrie ?
...Où je suis seul d'un côté
Un poids, bien trop chargé.

C'est Pâques
Quelle claque!
L'hirondelle s'émerveille
Elle crie au réveil!
Apres l'hiver et son échéance,
les arbres dansent
avec élégance !
Les fleurs se parent de flagrance
Mais que célèbre-t-on
Une résurrection ?
Un inconnu ?
Ce Jésus ?

Il a passé par-dessus,
sans mes dus.
Il a épargné.
Pour me rejoindre,
nous retrouver,
nous atteindre...

Il a payé le prix.
Ma place il l'a pris.
Pour que nous soyons libres.
Pour que nos cœurs vibrent
dans un nouveau printemps.
Dans un réel changement.
Les peines ont été marquées.
La liste était longue sur son dossier.
Tout le fardeau sur son casier.
Pour que ma page soit comme effacée.
Elle a été réglée, acquittée.
La dette a été payée.
Devant le jugement
pour la justice.
Dans les tourments
pour nos vices.
Sur lui a été exécutée la sanction
qu'encourt le péché.
La malédiction de nos transgressions...
Un acte est posé.
Un acte délibéré.
Personne n'a empêché.

Pas de pardon sans droit.
Pas d'espérance sang croix ?

Quel est notre part, notre héritage ?
Qu'est ce qui passe d'âge en âge ?
Oserions-nous
être assez fou

pour aimer assez fort
et donner le courage
de quitter nos rages ?
Vaincre les Thor !
Arrêter nos guerres,
toutes nos misères.
Est-ce que nous prendrons le temps ?
Le tant de notre or et notre argent ?
De passer pardessus nos divergences
pour accueillir nos différences ?
De construire des ponts
pour rejoindre nos raisons ?
Pour soigner la souffrance,
changer l'indifférence.
Donner l'espoir,
la force de croire.
Inverser la vapeur
de nos mœurs.
Changer nos pensées
pour changer nos maux...
Changer nos mots
pour bien panser.

Armées du vent

Bien organisés
pour mieux disperser.
Sans but apparent,
et pourtant...
Poussés et soufflants
derrière ou devant,
tels des tourbillons,
tels des trublions.
Semant le trouble pour mieux attaquer
et rugissant pour mieux désemparer.
S'évanouissant dans le béant,
s'éparpillant dans l'océan.
Tantôt s'élevant et disparaissant
pour réapparaître du néant...

Qui les appelle?
Terre ou ciel?

Pour faire la guerre
contre qui, contre quoi?
Pour quelle foi, quel roi?
Pour de la misère.
Le rire des vents
ricanants et sifflants
dans les chaumières.
La stupidité de l'humanité?

Au son de la vanité,
un détachement s'est levé,
tels de forts courants,
telle une armée de violents.
Fonçants tête baissée
comme cheval sans remords.
Légers comme des mots sans mords.
Et pourtant ni armures, ni épées.
Ils ont tout ravagé,
personne n'est épargné.

Tout est inerte,
tant de pertes.
Tout est mis a tapis...
Fiers ils se sont levés,
ils se sont pris
pour de forts rochers.
Ils ont tout donné.
Ils se sont étalés de toutes leurs forces,
ils en ont perdus leurs cuirasses, leurs écorces.

Personne n'a gagné...
L'épanouissement de leurs pensées,
leurs couleurs se sont effacées.
Ils sont misérables et nus.
Par la mort et par le vent battus...

N'y a-t-il pas un message
qui traverse les âges?

La terre crie,
le ciel pleure
Et nous pendant ce temps...
Qu'est-ce qu'on dit?
Quelles sont nos heures?
Où sont les savants ?

Qui peut résister,
qui veut s'opposer?
Apeurés, les grands maigres dansent
"L'automne et sa belle révérence".
Ses grands et fiers arbres,
ils ne sont plus que de marbre.
Si bien habillés,
si haut élevés.
De vert et de jaune bariolés,
rouges, bruns, orangés...
Chacun son écusson, sa bannière.
Même forêt, chacun sa clairière...

Des feuilles de toutes tailles,
brisées ou sans failles,
déchirées, morcelées,
esseulées, toutes dorées.
Mouillées, séchées, collées, accrochées, libres ou
nues...
Pas de différences, elles sont toutes tombées ou
déchues.
Agitées tantôt ici et là,
volées en haut ou en bas...

Des pacotilles se soulèvent,
de la poussière de rêve.
Et la nuit retombe
sur le monde.

Leurs robes de rages,
assis tels des "sages".
Ils élèvent leurs boucliers gris.
Ils s'avancent dans un grondement,
leurs flèches dans leur carquois.
Qui sont-ils pour élevés la voix?
Ils se cachent dans leurs pans blancs
pour mieux surgir
sans prévenir.

Petits nuages
ou de grands âges...
Tu vois le sombre ciel,
des lames étincelles.
Le cliquetis des armes,
le cliquetis des larmes...
Ils passent sans se détourner.
Ils sont décidés.
Et ils ne vont pas s'arrêter,
quitte a tout lapider.
Au bout!
Tout fou!
Ils s'en vont par leur chemin
comme sans lendemain.

La terre espère le printemps.
Elle attend la pluie d'été.
Elle demande un nouveau firmament.
Quelqu'un qui peut changer,
racheter les raisons.
Briser la limite de l'horizon…

Au milieu de ce marasme,
dans tout ce sarcasme,
je regarde, j'ai pris le temps.
Peut-être est-ce le plus important…
Je peux contempler,
voir les saisons passer.
Un temps pour chaque chose.
Un rythme pour chaque prose.

Un livre parmi tant d'autres…

Livre aux milles promesses,
destiné au paysan comme à la princesse.
Pas de bas qui blesse,
pas de partis pris, quelle grande sagesse !

Des paraboles comme des images,
aucunes prédictions volages…
Pas de virages,
pas de mirages.
Cœur mis à nu,
même pour l'inconnu.
Rien ne sert de se cacher,
on se perdrait pour y arriver.

Pas un roman, et pourtant…
Histoires, foi d'enfants,
pour toi, pour moi…
Pour celui qui croit,
réellement
impressionnant !

D'âge en âge,
tourne la page…
Pour ce jour,

comme toujours!
Des vérités coupants ce qui est fané.
Des vérités miroir de la réalité.
Ces paroles un peu folles
qui finissent par être des boussoles !
Quelques pas, un choix, une vraie raison,
qui t'emmène plus loin que l'horizon !

N'as tu jamais voulu voir le ciel,
connaitre l'histoire de cette étincelle?
Tant de questions, tant de réponses..
Tant de semeurs, tant de ronces...
Juste un livre ?
Et tu dois vivre...
Est-ce que lire,
porterait l'avenir ?

Un livre comme un arbre de vie,
sur chaque branche un fruit
qui te désaltère et te nourrit.
Qui apaise toute guerre et ses cris.

Son message dit,
dans ses édits:
Le pardon comme solution,
l'Amour comme raison.
Le pain pour le prochain,
une richesse pour demain.
Haïr son frère avec convictions,
est meurtre avec préméditations.

Les petits murmures,
font d'immenses murs.
Oublier de servir
c'est éteindre l'avenir.
Le « Je t'aime »
comme emblème.
Demandez
et vous recevrez...

Tous ces écrivains
pour un même chemin...
Cherches et tu trouveras.
Il est si près de toi...

Appliques,
pratiques,
tu sauras
et tu verras.
Passe-les,
au creuset,
ce qui est vrai,
ne sera brulé.

Ces rouleaux, des écrits
transmis jusqu'à aujourd'hui.
Ces mots qui ciblent
c'est la sainte bible.